LE GENIE,

POËME.

LE GENIE.

POËME.

Par M. MERCIER.

A LONDRES,

Et se trouve à Paris,

Chez la Veuve Duchesne, Libraire, rue Saint-Jacques, au-dessous
de la Fontaine Saint-Benoît, au Temple du Goût.
Et chez Regnard, Imprimeur de l'Académie Françoise.

M. DCC. LXVI.

LE
GENIE,*
POËME.

UR un mont éclairé des rayons de l'Aurore,
J'apperçus le Genie... il méditoit encore.
Oui, Mortels, je l'ai vu cet Ange bienfaiteur,
Environné des Arts qui faifoient fa fplendeur.
Dans fon œil fe peignoit une fublime ivreffe,
Son corps fouple allioit la force & la jeuneffe.
A ce front où brilloit le feu facré des Cieux,
Je reconnus le fils & le rival des Dieux.

---

* On a lu un extrait de ce Poëme dans la Séance publique de l'Académie Françoife du 25 Août 1766.

LE GENIE,

Il portoit ses regards sur le tableau du monde ;
La terre en ce moment plus riche & plus féconde
Se paroit sous ses yeux d'un nouveau coloris,
L'Univers lui doit l'ordre & la beauté son prix.
Ce qu'est un Souverain affermi sur son Thrône,
Revêtu de la Pourpre & ceint de la Couronne,
Commandant par son sceptre à vingt Peuples divers
Il l'étoit ; il sembloit le Roi de l'Univers :
Sur la foule des Arts étendant son Empire
Il tenoit dans ses mains le Compas & la Lyre.
De son vaste pouvoir tout ressent les effets,
Il marche dans la gloire, il répand les bienfaits.
Il fixe la nature & son œil étincelle ;
C'est dans ses traits sacrés qu'il cherche son modèle.
Son facile crayon annonce la chaleur
La mâle liberté d'un esprit créateur.
Sa main touche le marbre & le marbre respire ;
Il parle, tout s'enflamme aux accords de sa Lyre.
C'est Melpomène en pleurs le poignard à la main,
C'est Clio qui conduit l'inflexible Burin,

Ou bien-tôt c'est la fiere & sublime Uranie
Qui des Astres errans demêle l'harmonie ;
Ou c'est Platon, qui voit d'un œil respectueux
Le Dieu qui s'est empreint dans l'homme & dans les Cieux.
S'il peint des vastes Cieux l'éclatante parure
Son pinceau séduisant rajeunit la nature.
De cent peuples épars il serre les liens ;
Ame de l'Univers, il produit tous les biens :
C'est une source pure, abondante & profonde
Qui roule dans ses flots tous les trésors du monde.

 Que sa magnificence étonnoit mes regards !
De quelle ardeur feconde il animoit les Arts !
Il porte ses transports dans des ames glacées
Ses sons imitateurs colorent ses pensées.
La timide raison se traîne sur ses pas
Il a frappé le but qu'elle ne connoît pas.

 Qu'aime-t'il à tracer ? des Villes embrasées.
Des plus puissans états les colomnes brisées.
Comme un foudre vengeur sa redoutable voix
Va sous le Diadême épouvanter les Rois.

Il redit leur orgueil, leur sanglante colere;
Il dévoile au grand jour leurs affreux caractere;
Il redit les malheurs d'un peuple gémissant
Qu'accabloit le mépris d'un despote insolent.
Il plane; & de ce monde embrassant la structure
De la foule opprimée il épouse l'injure.
Il a vu le désordre & son être a frémi;
Il tonne avec grandeur; les tyrans ont pâli;
Mais bien-tôt il les voit chancelans sur leur Thrône
Livrés au pâle effroi, la mort les environne;
On attache l'opprobre à leurs noms odieux,
O, quels touchans tableaux; ils sont faits pour ses yeux!
Il pressent l'avenir; ce tribunal suprême
Jugera comme lui puisqu'il verra de même.

Est-ce à lui de connoître & les tems & les lieux,
Et de nos vains décrets le joug capricieux?
Il paroît tout à coup dans un siecle bizarre
Et jette un feu plus vif chez un peuple barbare.
Il vole à l'Orient, au couchant, au midi;
Il s'endort deux mille ans & semble enseveli;

POEME.

Il renaît fur les bords de la mer glaciale ;
Le Czar quitte à fa voix la pourpre impériale ;
La hache qu'il remet dans les mains du Héros
Eft le fceptre des mers qui guide cent vaiffeaux.
L'Egypte le vît naître au milieu des prodiges ;
Lui-même il confacra ces merveilleux preftiges ;
Chez l'Ingénieux Grec, il fut fublime & fin ;
Il fît goûter les Arts à ce peuple Romain,
A ces fiers Conquerans dont la fuprême gloire
Etoient le droit du fer & le char de victoire.
Au fiecle de Louis plus riche, plus pompeux,
Superbe, il fit jaillir l'éclat de tous fes feux.
Idolâtre du grand, fa vafte intelligence
A tracé le devoir à l'oifive puiffance.
Ah ! pour rétablir l'ordre en ce trifte Univers
C'eft le pouvoir qui manque à fes deffeins divers.
Je le vis embrafé d'une célefte flamme
Pour le bien des mortels multiplier fon ame.
Son front changeant, m'offroit tantôt Loke & Neuton
Corneille, Montefquieu, la Fontaine & Milton.

Tour à tour, j'entendois la trompette d'Homere,
Et Tyrtée animé d'une audace guerriere,
Et ce joyeux vieillard qui tout en cheveux blancs
Couronnoit la beauté des roses du printems.
Ici Legislateur, il réforme un Empire;
Là, Chantre des combats plein d'un bouillant délire
Sur le Char de Bellonne il monte avec ardeur
Et le sang de Vénus n'éteint point sa fureur.
Patriote éloquent, & fougueux Demosthènes
D'un sommeil létargique il va tirer Athènes.
Il soumit les Gaulois sous le nom de Cesar,
Aux plaines de Pharsale arbora l'étendard,
Et bientôt s'enterrant sous les sables d'Utique,
Il tombe avec Caton pour la cause publique.

Indépendant & fier il mesure des yeux
Et l'abîme de l'homme & l'abîme des Cieux.
Quelquefois son empreinte est sauvage & grossiere,
Ses traits desordonnés, sa touche irréguliere,
Mais sa hauteur dédaigne & les régles de l'art
Et ces succès menteurs qu'enfante le hazard.

POEME.

Regardez ces tombeaux & ces maffes énormes *
L'étonnement fourit à leurs beautés difformes.
Coloffes monftrueux, ces hardis monumens,
Sont les rudes travaux qu'a refpectés le tems.
Oui, le Génie eft libre, il brife les entraves
Que la Reine du monde impofe à des efclaves.
Puiffante Oppinion, difparois, tu n'es plus;
Tranquille, il va juger ces antiques abus
Qui fous le nom de loix fervoient la tyrannie :
Les hommes font égaux, le monde eft fa patrie.
Son Palais eft bâti fur le fommet des airs ;
De ce Trône élevé dominant l'Univers,
Il voit de nos erreurs la courfe vagabonde ,
Et les chefs qu'il faudroit pour le bonheur du monde.
O, fecondez enfin fa prompte activité
Ses loix feront regner la tendre humanité.
Il s'affied comme un Dieu fur la voute Etherée,
Il prononce....,. auffi-tôt la terre eft éclairée.

---

* Les piramides d'Egypte.

LE GENIE;

Quel monstre ose étouffer les présens de ses mains ?
Reconnoissons ici l'orgueil des Souverains
Qui s'alarme, s'irrite, & dont l'ame abusée
A l'Etre raisonnable interdit la pensée.

Je vis auprès de lui l'esprit fin, séducteur,
De ses mâles transports subtil imitateur ;
Mais ce qu'est un éclair près d'un volcan superbe ;
Près du Rhône & du Rhin un ruisseau baignant l'herbe,
Tel il est ; non l'esprit au souris gracieux
N'a qu'un feu petillant qui réjouit les yeux.
Il frappe, il éblouit ; c'est un enfant folâtre
Qui s'amuse & qui plaît, que le monde idolâtre ;
Le vol du papillon n'est jamais élevé
A caresser les fleurs, il semble reservé ;
Le Génie allumant ses flammes dévorantes
Détruit des préjugés les formes renaissantes ;
C'est son flambeau divin qui dans la nuit des tems
Apporta la lumiere au sein des élemens ;
Il consola le monde & ce fut son ouvrage :
Des talens, des vertus, il unit l'assemblage.

Il protége le foible & l'obscur malheureux
Et les venge à jamais d'un mépris orgueilleux.
Il enseigne les mœurs, la raison, la justice,
Il punit le despote, intimide le vice ;
Pour l'intérêt de tous, il montre avec fierté
Les droits sacrés de l'homme & de sa liberté.

 Tel qu'un arbre planté des mains de la nature
Au haut des Appenins s'éleve sans culture,
Dont la cime reçoit les rayons du soleil
Quand tout dort à ses pieds dans l'ombre du someil;
Cedre majestueux, tel paroît le Génie.
Amis, j'entends sa voix mere de l'harmonie.
» La gloire a créé l'homme au Génie élevé
» Mortels ! & dans vos fers il n'est plus captivé :
» Formé pour l'Univers par une main divine,
» Il remplit la carriere où le Ciel le destine ;
» Et c'est lui qui contient les pensers immortels
» De l'immuable beau modeles éternels.
» Son regard pénétrant perce la nuit obscure

» Ou se cache, ou plutôt ou se plaît la nature.
» Le reste des humains voit & ne conçoit pas.
» Dans le luxe endormis leur vie est un trépas.
» Mais celui qu'embrasa la céleste étincelle,
» Connoit seul la nature ; il existe pour elle.
» Tout réveille en son âme un sentiment profond:
» L'Etre qu'il interroge aussi-tôt lui répond.
» Il voit, il est ému dans l'ombre ou le silence,
» Des objets éloignés il ressent la présence.
» Vehement ou tranquille, il trouve des attraits
» Dans la pompe des Cieux dans l'horreur des forêts ;
» Et dans son sein brulant, soigneusement gardées
» Sous d'infinis rapports fermentent mille idées.
» Forcé de les produire il les répand dehors :
» O foible genre humain ce sont là tes trésors !
» Obéis à cet œil qui dirige ta vue
» Qui trouve à tous les Arts une route inconnue.
» Fixe son vol hardi, ne le mesure pas
» Pour franchir l'Univers les Dieux ne font qu'un pas.

» Favori des beaux Arts, la fougueuse tempête
» Pour punir tes talens a grondé sur ta tête;
» Ne va point murmurer quelque soit ton destin;
» Eh! que peut contre toi l'envie au cœur d'Airain?
» Dans ses propres tourmens ce monstre se dévore
» Quand il ne sera plus, toi, tu vivras encore;
» Les mortels beniront tes utiles travaux.
» Ne dois tu point payer l'honneur d'être un héros?
» Apprends donc a souffrir... n'est tu pas vraiment libre;
» Eh! quel rang peut valoir cet heureux équilibre?
» Tu dédaigne Plutus, ses honteuses faveurs;
» On ne te trouve point au milieu des flateurs.
» Mon fils rends grace aux Dieux du rayon favorable
» Qui t'a fait éviter un troupeau méprisable.
» Je te promets mon fils, en tous lieux, en tout tems
» Des plaisirs toujours purs & toujours renaissans;
» C'est à toi d'admirer, de jouir, de connoître:
» Viens dans mes bras, sois y fier d'agrandir ton être;

Il parloit.... j'entrevis deux monstres ténébreux,
La superstition, le despotisme affreux,
Ils venoient le frapper de leur masse stupide;
L'Ange des Cieux sourit & fuit d'un vol rapide;
Il fuit, il va remplir des climats plus heureux;
Ah! craignons de le perdre & connoissons le mieux!

F I N.

APPROBATION.

J'AI lû par ordre de Monsieur le Lieutenant-Général de Police, un Manuscrit intitulé LE GÉNIE, POEME, dans lequel je n'ai rien trouvé qui puisse en empêcher l'impression. A Paris ce 4 Septembre 1766.

MARIN.

www.ingramcontent.com/pod-product-compliance
Lightning Source LLC
Chambersburg PA
CBHW061622040426
42450CB00010B/2624